Impressum
Verlag: BABADADA GmbH, Nedderfeld 112 , 22529 Hamburg
Geschäftsführer / Verlagsleitung: Harald Hof
Druck: Books on Demand GmbH, In de Tarpen 42, 22848 Norderstedt

Imprint
Publisher: BABADADA GmbH, Nedderfeld 112 , 22529 Hamburg, Germany
Managing Director / Publishing direction: Harald Hof
Print: Books on Demand GmbH, In de Tarpen 42, 22848 Norderstedt, Germany

escola

ښوونځی

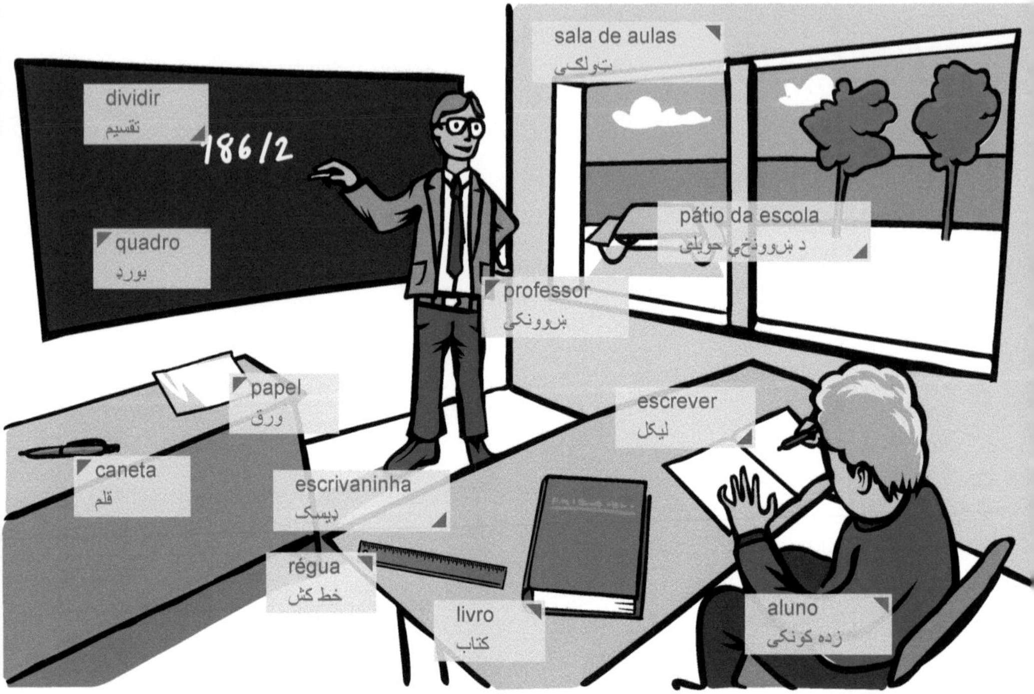

sala de aulas
ټولګی
dividir
تقسیم
186/2
quadro
بورډ
pátio da escola
د ښوونځي حویلی
professor
ښوونکی
papel
ورق
escrever
لیکل
caneta
قلم
escrivaninha
ډیسک
régua
خط کش
livro
کتاب
aluno
زده کونکی

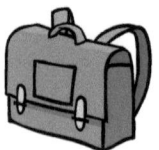

sacola

کڅوړه

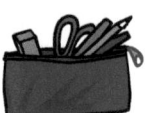

estojo de lápis

د پنسل بکسه

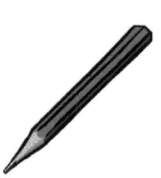

lápis

پنسل

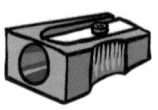

apontador de lápis

پنسل تراش

borracha

ربړ

bloco de desenho

د رسامی پاڼه

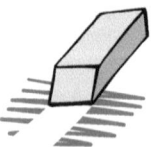

desenho

رسامي

pincel

د نقاشى برس

estojo de tintas

د نقاشى بکس

tesoura

قيچي

cola

سریش

livro de exercícios

د تمرین کتاب

lição de casa

کورنى دنده

número

شمیر

somar

جمع

subtrair

منفي

multiplicar

ضرب

calcular

حساب

letra

تورى

alfabeto

الفبا

palavra

کلمه

texto

متن

ler

لوستل

giz

تباشير

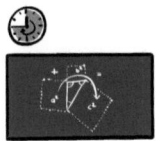

hora

درس

registro da classe

راجستر

exame

ازموينه

certificado

تصديق پاڼه

uniforme escolar

د ښوونځي يونيفارم

educação

تعليم

enciclopédia

دايره المعارف

universidade

پوهنتون

microscópio

مايكروسكوپ

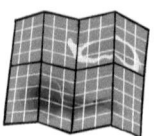

mapa

نقشه

cesto de lixo

اشغالدانی

hotel
هوتل

Grand

albergue
لیلیه

ROOMS

casa de câmbio
د اسعارو د تبادلې دفتر

EXCHANGE

mala
بکس

carro
موټر

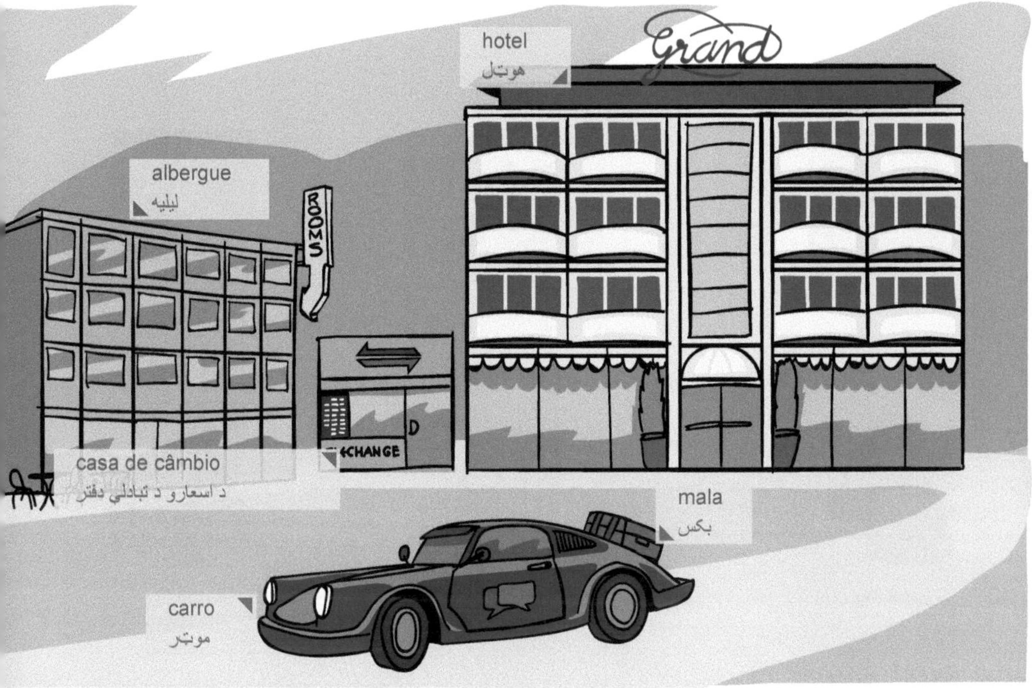

idioma

ژبه

sim / não

هو/نه

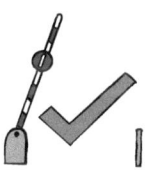

ok

سمه ده

Olá

سلام

tradutor

ژباړونکی

obrigado

مننه

quanto custa...?

څومره دي...؟

eu não entendo

زه نه پوهيږم

problema

ستونزه

boa noite!

ماښام مو پخير!

Bom dia!

سهار په خير!

Boa noite!

شپه په خير!

até logo

په مخه مو ښه

direção

لارښود

bagagem

سامان

bolsa

بيگ

mochila

شاتنى بکس

convidado

ميلمه

quarto

خونه

saco de dormir

د خوب کڅوړه

barraca

خيمه

informação turística

د توریزم معلومات

praia

ساحل

cartão de crédito

کریدیت کارت

café da manhã

ناری

almoço

د غرمي خواړه

jantar

د شپې خواړه

bilhete

ټیکټ

elevador

لفټ

selo

مهر

fronteira

پوله

alfândega

ګمرک

embaixada

سفارت

visto

ویزه

passaporte

پاسپورت

transporte

ټرانسپورټ

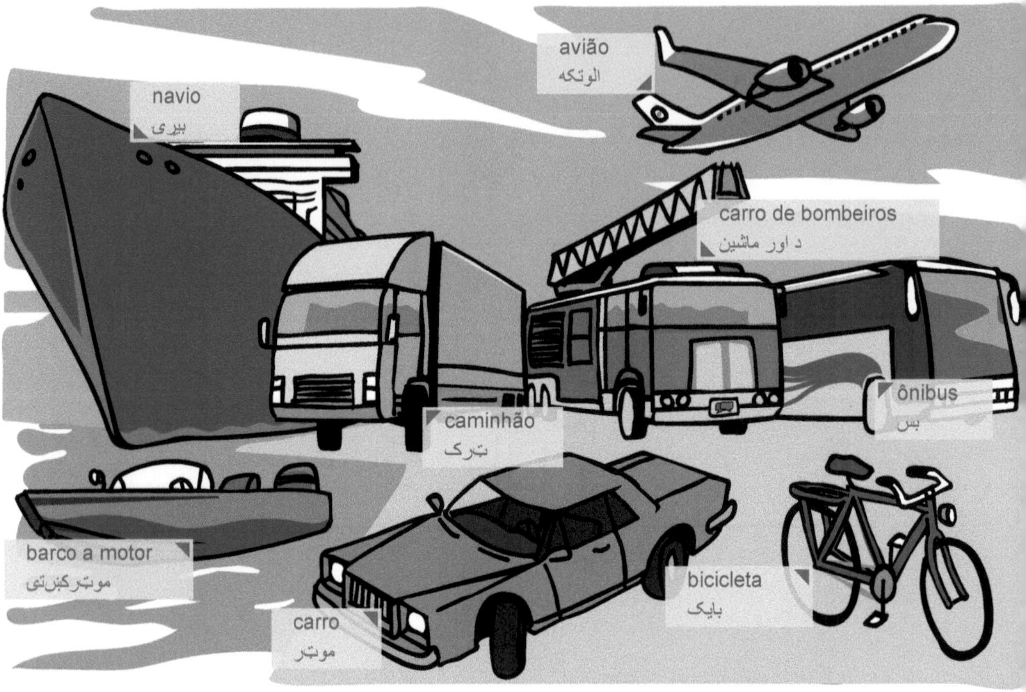
avião
الوتکه
navio
بیړی
carro de bombeiros
د اور ماشین
ônibus
بس
caminhão
ټرک
barco a motor
موټرکښتی
bicicleta
بایک
carro
موټر

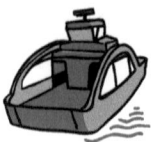

balsa

کښتی

barco

کښتی

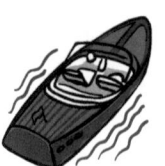

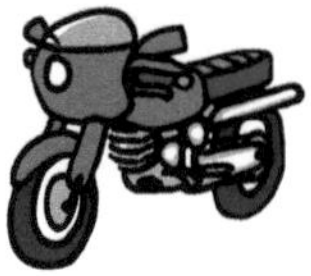

motocicleta

موټرسایکل

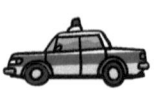

veículo policial

د پولیسو موټر

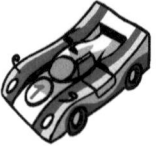

carro de corrida

د ریس موټر

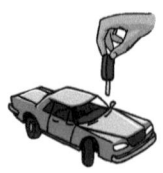

carro de aluguel

کرایی موټر

compartilhamento de automóvel

د کرایه موټری

caminhão de reboque

جرثقیل لرونکی ټرک

caminhão de lixo

ریفیوز ټرک

motor

موټر

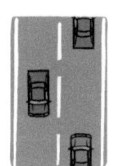

combustível

سونګ توکي

posto de gasolina

پټرول سټیشن

placa de trânsito

ترافیکي نښه

trânsito

ترافیک

trânsito lento

جام ترافیک

estacionamento

د موټرو تمځای

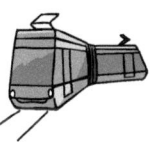

estação de trem

د ریل سټیشن

trilhos

پاټکي

trem

ریل

bonde

ټرام

vagão

واګون

x

helicóptero

چورلکه

aeroporto

هوايي ډګر

torre

برج

passageiro

مسافر

contêiner

کانټينر

cartolina

کارتون

carroça

کارت

cesto

ټوکری

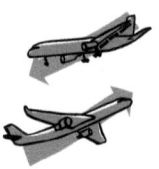

decolar / pousar

الوتنه کول/کښيناستل

cidade

بنﺍار

vilarejo

کلی

centro da cidade

د بنﺍار مرکز

casa

کور

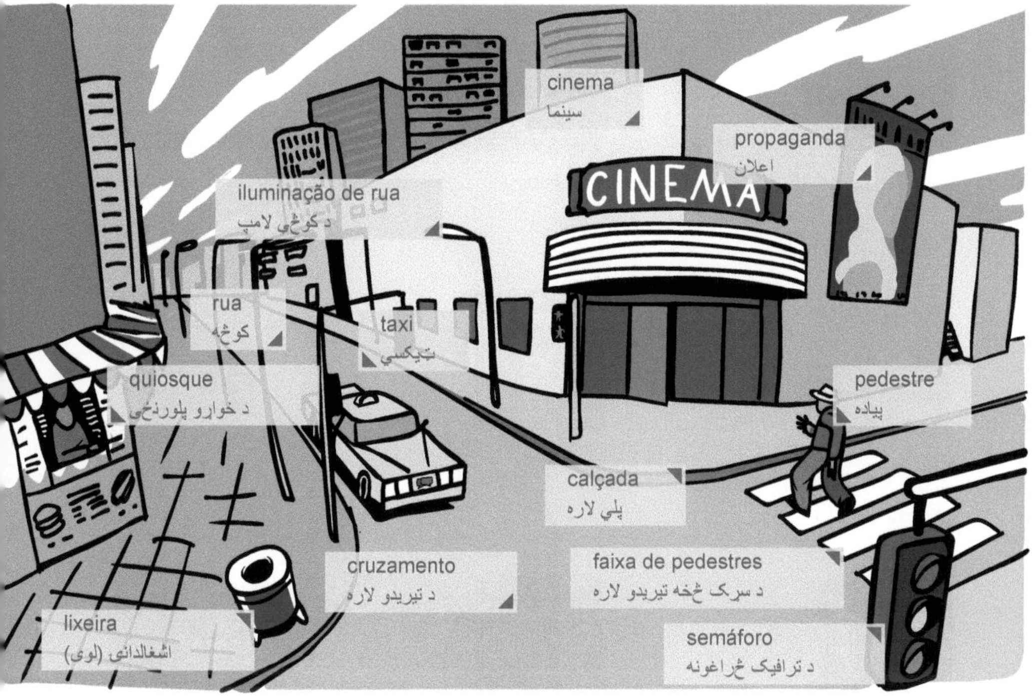

cinema
سینما

propaganda
اعلان

iluminação de rua
د کوڅې لامپ

rua
کوڅه

taxi
ټیکسي

quiosque
د خوارو پلورنځی

pedestre
پیاده

calçada
پلي لاره

cruzamento
د تیریدو لاره

faixa de pedestres
د سرک څخه تیریدو لاره

lixeira
اشغالدانۍ (لوی)

semáforo
د ترافیک څراغونه

cabana

کوډله

apartamento

اپارتمان

estação de trem

د ریل ستېیشن

prefeitura

ټاون هال

museu

میوزیم

escola

ښوونځی

universidade

پوهنتون

banco

بانک

hospital

روغتون

hotel

هوټل

farmácia

درملتون

escritório

دفتر

livraria

کتاب پلورنځی

loja

پلورنځی

floricultura

د گلانو پلورنځی

supermercado

لوی پلورنځی

mercado

مارکیټ

loja de departamentos

د ډیپارټمنټ سټور

peixaria

کب پلورنځی

centro comercial

د پلور مرکز

porto

لنگرتون

parque

پارک

banco

بینچ

ponte

پل

escadas

زینه

metrô

د ځمکي لاندي

túnel

تونل

ponto de ônibus

بس تمځای

bar

بار

restaurante

ریستورانت

caixa de correspondência

پوست بکس

placa de rua

د کوڅې نښه

parquímetro

د پارک کولو میټر

zoológico

ژوبڼ

piscina

د لامبو حوض

mesquita

مسجد

fazenda

كرونده

poluição

ناپاكي

cemitério

هديره

igreja

چرچ

parquinho

د لوبو ډګر

templo

معبد/كليسا

paisagem

منظره

folha
پاڼه

placa de sinalização
د لارښوونې نښه

caminho
لاره

gramado
چمن

pedra
كاڼى

árvore
ونه

caminhantes
هيكر

rio
سيند

grama
واښه

flor
ګل

vale

دره

montanha

غوندی

lago

ناور

floresta

ځنګل

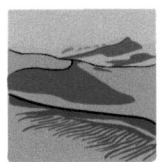

deserto

دشته

vulcão

اورشیندی

castelo

کلا

arco-íris

رنګین کمان

cogumelo

مرخیري

palmeira

پلم ونه

mosquito

ماشي

mosca

الوتل

formiga

میږی

abelha

مچی

aranha

غوندل/جولا

besouro

كونگڕت

sapo

چونگبيه

esquilo

نولى

ouriço

زيرگى

lebre

سوى

coruja

كونگ

pássaro

مرغى

cisne

قازه

javali

نرخوگ

veado

هوسى

alce

گاوزه

barragem

بند

aerogerador

بادي توربين

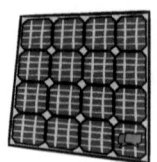

painel solar

سولر تختى

clima

اقليم

restaurante

ریسټورانټ

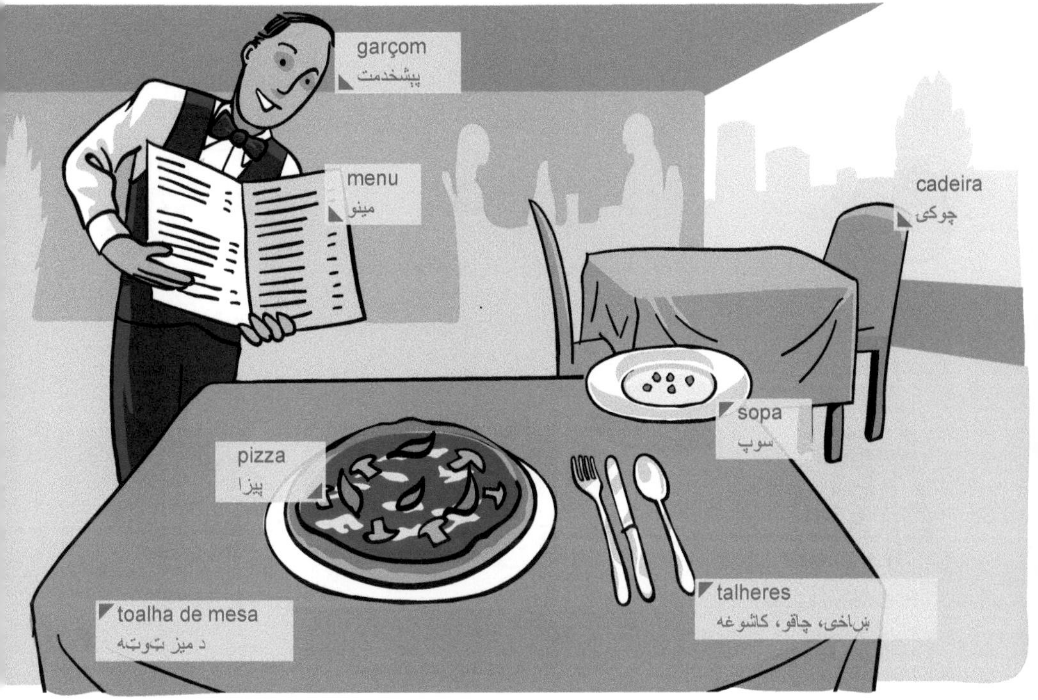
garçom
پېشخدمت
menu
مینو
cadeira
چوکۍ
sopa
سوپ
pizza
پیزا
talheres
بڼاخې، چاقو، کاشوغه
toalha de mesa
د میز ټوټه

entrada

ستارټر

proto principal

اصلي خواړه

sobremesa

شیریني

bebidas

څښاک

comida

خواړه

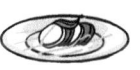

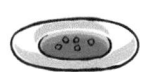

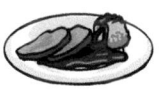

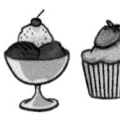

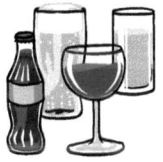

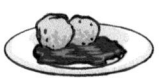

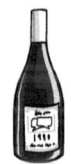

garrafa

بوتل

fastfood

فاسټ فوډ

comida de rua

د کوڅۍ خواړه

bule de chá

چای جوش

açucareiro

قندانی

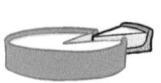

porção

برخه

máquina de expresso

اسپرسو مشين

cadeirão

لوړه چوکی

conta

رسيد

bandeja

مجمه

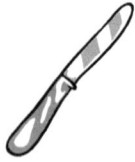

faca

چاکو

garfo

پنجه

colher

قاشق

colher de chá

چای قاشق

guardanapo

سورويټ

copo

گلاس

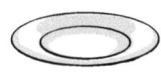

prato

پلیټ

prato de sopa

د سوپ پلیټ

pires

نالبکی

molho

ساس

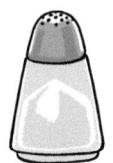

saleiro

مالګه شیندونکی

moedor de pimenta

د مرچ ټکولو لوخی

vinagre

سرکه

óleo

غوړي

especiarias

مساله

ketchup

کچ اپ

mostarda

شړشم

maionese

چکه

supermercado

لوی پلورنځی

oferta especial
ځانګړی وړاندیز
FOR
cliente
پیرودونکی
laticínios
لبنیات
frutas
میوه
carrinho de compras
لاسي ګرځ

BUTCHERS

açougue

قصابي

BAKERY

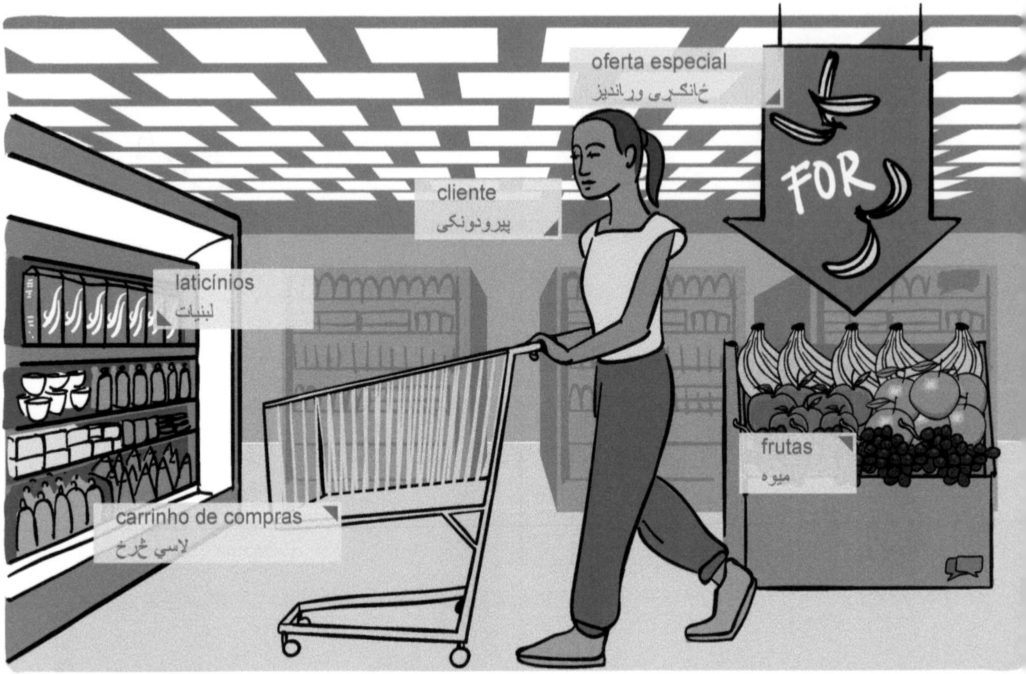

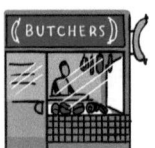

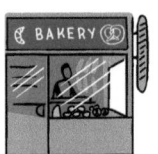

padaria

نانوایی

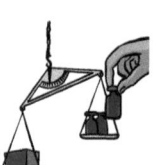

pesar

وزن کول

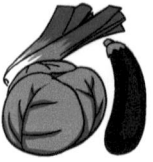

legumes

سبزیجات

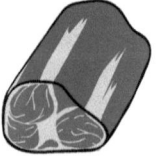

carne

غوښه

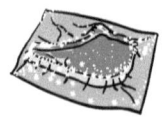

congelados

کنګل خواره

charcutaria

یخه غوښه

conservas

کنسروا خواره

detergente em pó

د مینځلو پودر

doces

شیریني

artigos domésticos

کورني تولیدات

produtos de limpeza

د پاکولو محصولات

vendedora

د پلور فرد

caixa

د نغدي راجستر

caixa

صراف

lista de compras

د پیرود لیست

horário de funcionamento

کاري ساعتونه

carteira

بټوه

cartão de crédito

کریدیت کارت

sacola

کڅوړه

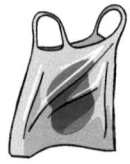

saco plástico

پلاستیک کڅوړه

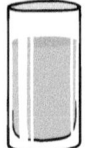

água

اوبه

suco

جوس

leite

شیده

coca-cola

کوک

vinho

واین

cerveja

بیر

álcool

الکول

cacau

ککاو

chá

چای

café

کافي

expresso

اسپرسو

cappuccino

کپچینو

banana

کيله

maçã

منه

laranja

نارنج

melão

هندوانه

limão

ليمو

cenoura

گازره

alho

هوڼه

bambu

بانکس

cebola

پياز

cogumelo

مرخيړي

nozes

چغزی

macarrão

آش

espaguete

سپیگتي

arroz

وريجي

salada

سلاد

batatas fritas

چپس

batatas frias

سره کري کچالو

pizza

پیزا

hambúrger

همبرگر

sanduíche

ساندويچ

escalope

کتره

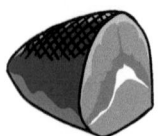

presunto

د پتون غوښه

salame

سلمي

salsicha

ساسچ

galinha

چرگ

assado

روست

peixe

کب

flocos de aveia

د وربشې شيرني

granola

موسلي

flocos de milho

د جوار پلی

farinha

اوړه

croissant

کروسانت

pãozinho

د ډوډۍ رول

pão

ډوډۍ

torrada

ټوسټ

biscoitos

بسکیټ

manteiga

کوچ

requeijão

چکه

bolo

کیک

ovo

هګۍ

ovo frito

پښې هګۍ

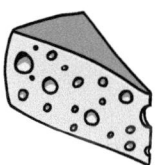

queijo

پنیر

sorvete

آیس کریم

açúcar

بوره

mel

شهد

geleia

مربا

creme de avelãs

نوگـات کریم

curry

کورکمان

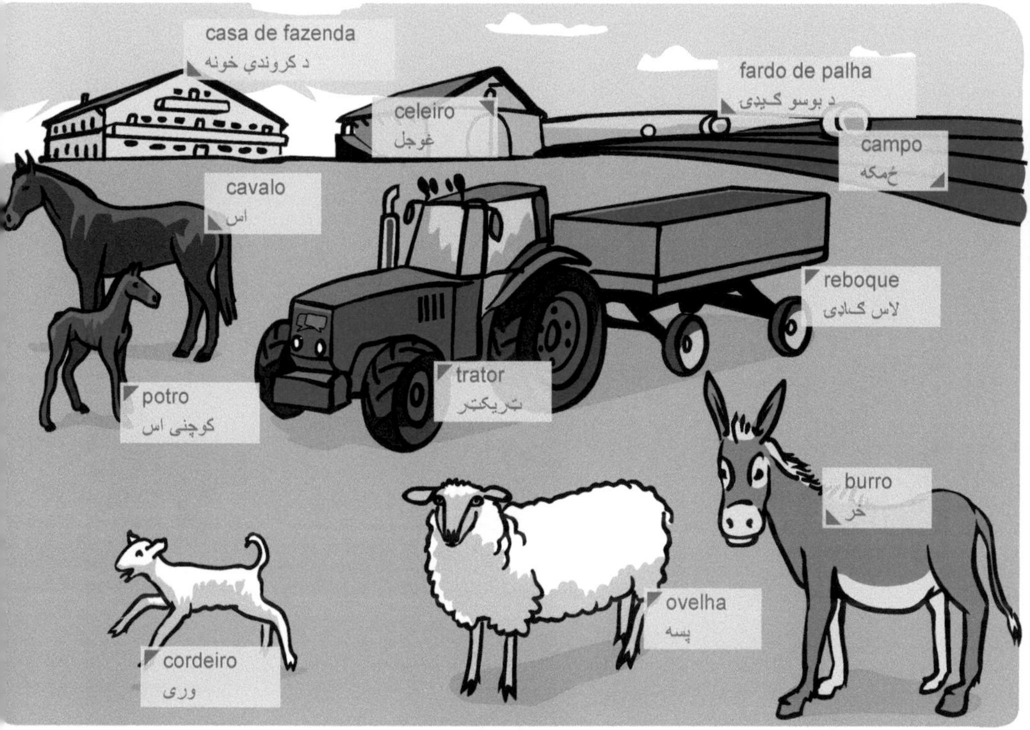

casa de fazenda
د کروندي خونه

celeiro
غوجل

fardo de palha
د بوسو کيډۍ

campo
خمکه

cavalo
اس

reboque
لاس گاډۍ

trator
تړریکتر

potro
کوچنی اس

burro
خر

cordeiro
ورۍ

ovelha
پسه

cabra

وزه

vaca

غوا

bezerro

خوسکی

porco

خوک

leitão

د خوک بچی

touro

غویی

ganso

بتە

pato

هیلی

pintinho

چرګوری

galinha

چرګه

galo

بانګي

ratazana

سرای موږک

gato

پیشک

camundongo

موږک

boi

غوایی

cachorro

سپی

casinha do cachorro

د سپي خونه

mangueira de jardim

د باغ هوز

regador

د اوبو لوخی

foice

لور (داس)

arado

یوی

foice

لور

enxada

رمبی

forquilha

بشاخی

machado

تبر

carrinho de mão

کراچی

manjedoura

ناوه

jarra de leite

د شیدو لوخی

saco

جوال

cerca

کتاره

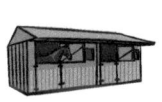

estábulo

مضبوط

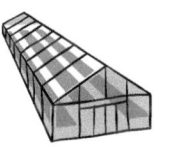

estufa

شنه خونه

solo

خاوره

semente

تخم

fertilizante

سره/کود

colheitadeira

کد رییونکی ماشین

colher

زیرمه کول

colheita

درمند

inhame

خواړه کچالو

trigo

غنم

soja

سویا

batata

کچالو

milho

جوار

colza

نباتي تخم

árvore frutífera

د میوي ونه

mandioca

مانیوک

cereais

غله

chaminé
درخه

telhado
بام

calhas de chuva
ناودان

janela
کړکۍ

garagem
گراج

campainha da porta
د دروازي زنگ

porta
دروازه

lata de lixo
اشغالدائی

caixa de correspondência
د لیک بکس

jardim
باغ

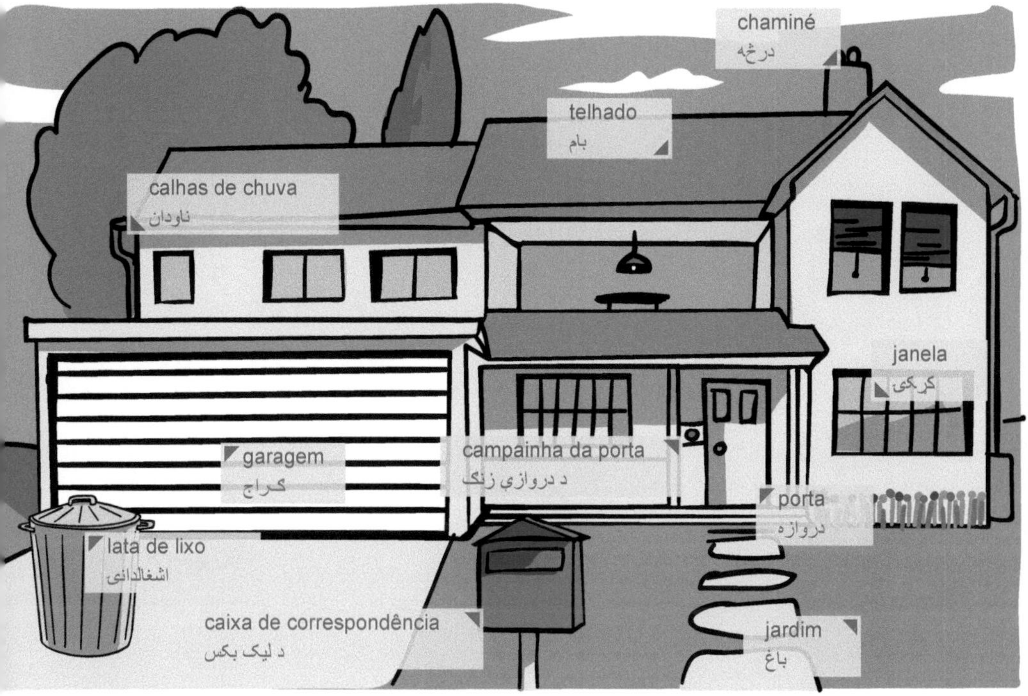

sala de estar
د اوسیدو خونه

banheiro
حمام

cozinha
پخلنځی

quarto de dormir
د ویده کیدو خونه

quarto de criança
د ماشوم خونه

sala de jantar
د خوارو خونه

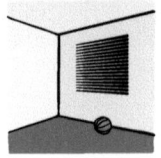

chão

فرش

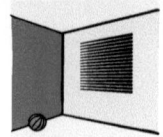

parede

ديوال

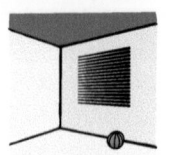

teto

چت

porão

زيرخانه

sauna

سونا

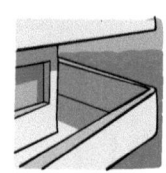

varanda

بالكوني

terraço

بتراس

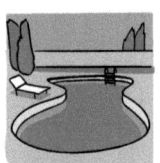

piscina

حوض

cortador de grama

د چمن وهلو ماشين

lençol

ﺷﻴﺖ

coberta

روجایی

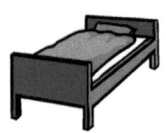

cama

تخت

vassoura

جارو

balde

بوكه

interruptor

سویچ

sala de estar

د اوسیدو خونه

papel de parede
والپیپر
quadro
عکس
lâmpada
لامپ
prateleira
شیلف
armário
الماری
televisão
تلویزیون
lareira
نغری
flor
گل
travesseiro
بالښت
sofá
صوفه
vaso
گلدانی
controle remoto
ریموټ کنټرول

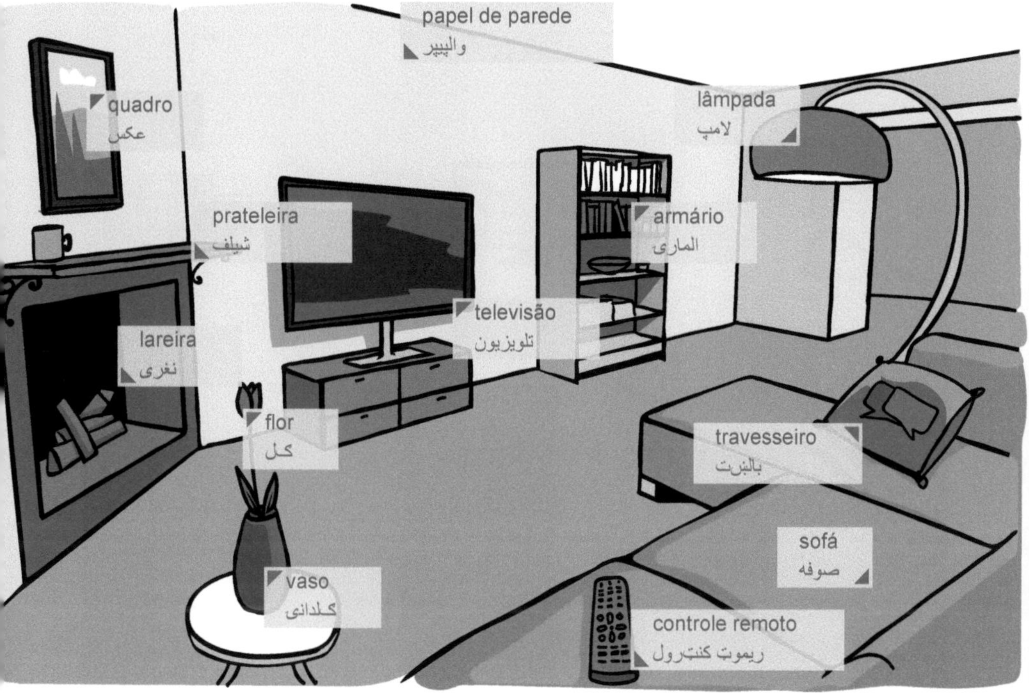

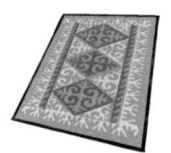

tapete
غالی

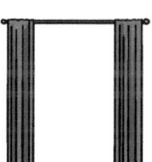

cortina
پرده

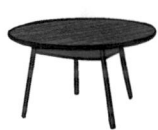

mesa
میز

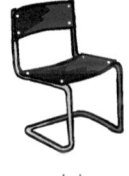

cadeira
چوکی

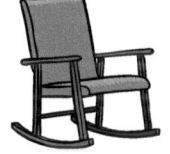

cadeira de balanço
تاویدونکي چوکی

poltrona
بازو لرونکی چوکی

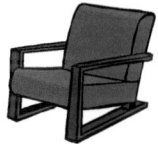

livro

كتاب

cobertor

كمپل

decoração

ديكوريشن

lenha

د اور لرګي

filme

فلم

equipamento de som

هايفاى

chave

كلي

jornal

ورځپانه

pintura

نقاشي

pôster

پوسټر

rádio

راديو

bloco de notas

كتابچه

aspirador

واكيوم جارو

cacto

كاكتوس

vela

شمع

cozinha
پخلنځی

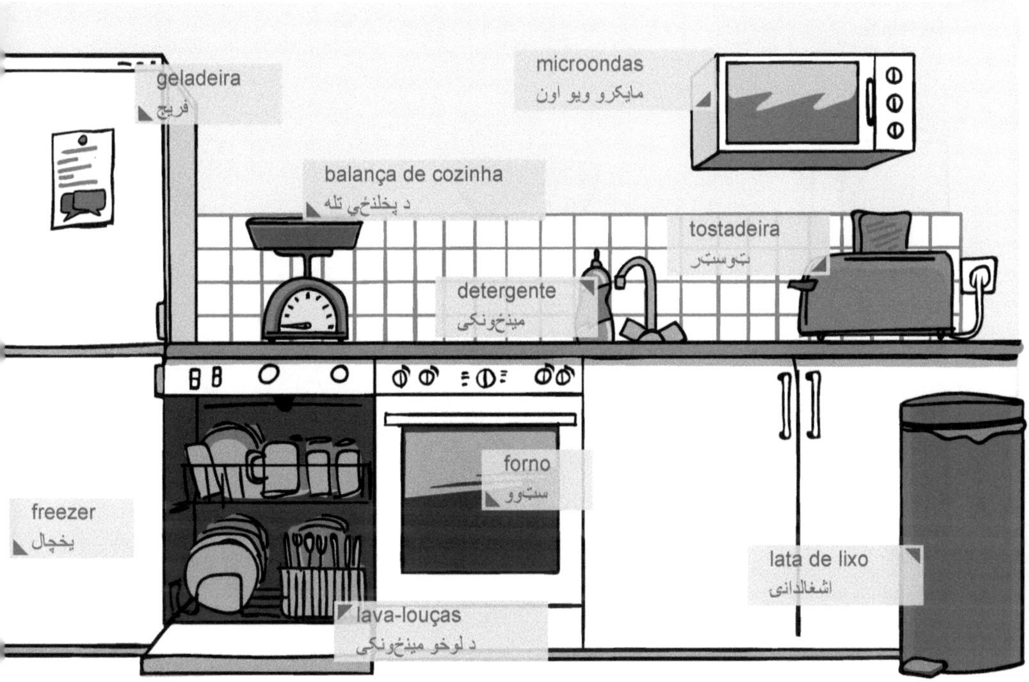
geladeira
فریج
microondas
مایکرو ویو اون
balança de cozinha
د پخلنځي تله
tostadeira
ټوسټر
detergente
مینځونکی
forno
سټوو
freezer
یخچال
lata de lixo
اشغالدانی
lava-louças
د لوخو مینځونکی

fogão

دیگ بخار

panela

لوخی

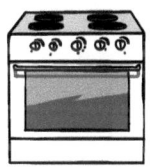

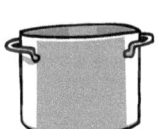

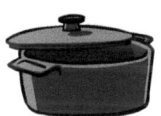

panela de ferro

چدني لوخی

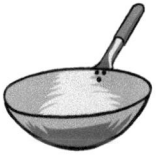

wok / kadai

ووک

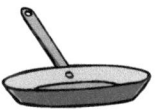

frigideira

د تلي په

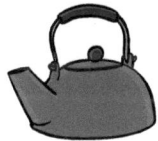

chaleira

چای جوش

panela a vapor

د بخار ديگ

tabuleiro de forno

پتنوس

louça

لوخي

caneca

مگ

caçarola

كاسه

hashi

د رانبيولو اوزار

concha de sopa

څمڅی

espátula

كفگير

batedor

پاكونكى

escorredor

صافي

peneira

غلبيل

ralador

كريتر

almofariz

اونگ

churrasqueira

بار بي كيو

lareira

خلاص اور

tábua de cortar

تخته

rolo da massa

هواورونکی

saca-rolhas

کارک سکریو

lata

ټيم

abridor de latas

د ټيم خلاصونکی

pegador de panela

د لوخي ټوټه

pia

ظرف شوی

escova

برس

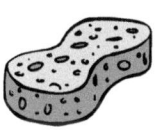

esponja

سپنج

liquidificador

بلېنډر

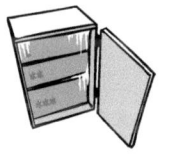

congelador

ژور يخچال

mamadeira

د ماشوم بوتل

torneira

نل

banheiro

حمام

aquecimento
تودول
toalha
جان پاک
ducha
شاور
cortina de chuveiro
د شاور پرده
banho de espuma
بیل حمام
banheira
د حمام ټب
lava-roupa
د مینځلو مشین
azulejos
ټایلونه
torneira
نل
copo
ګلاس
penico
یو ډول کمود
pia
ظرف شوی

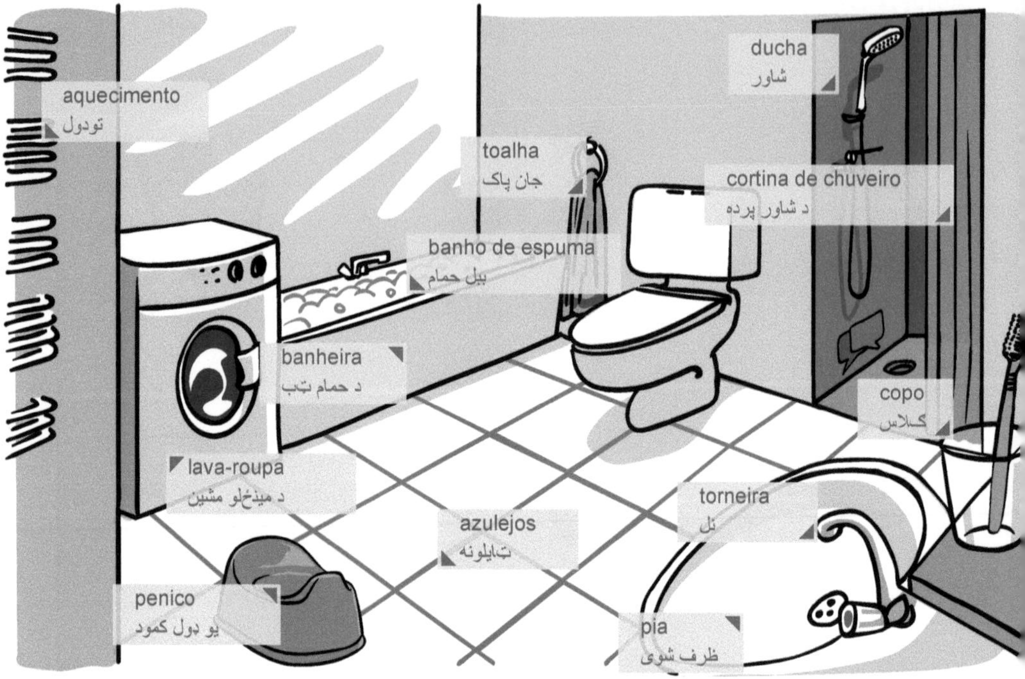

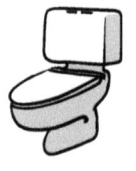

vaso sanitário

تشناب

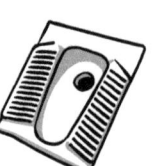

lavabo de agachar

فرشي کمود

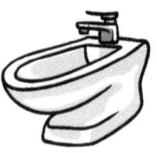

bidê

کمود

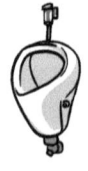

mictório

د متیازو ځای

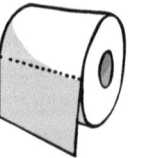

papel higiênico

تشناب کاغذ

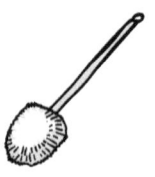

escova de privada

د تشناب برس

escova de dentes

د غاښونو برس

pasta de dentes

د غاښونو کریم

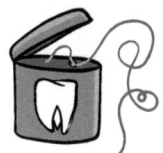

fio dental

د غاښونو نخ

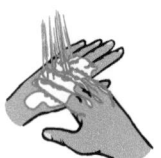

lavar

مینځل

ducha de mão

لاسي شاور

ducha íntima

دوش

bacia

خانک

escova para as costas

د شا برس

sabonete

صابون

gel de banho

د شاور ژل

xampu

شامپو

toalha de rosto

فلانل جامه

escoamento

وچول

creme

کریم

desodorante

سپری

espelho

آینه

espelho de mão

آینه لاسي

barbeador

ریزر

espuma de barbear

د خریلو فوم

loção pós-barba

د خریلو وروسته

pente

ګمنځ

escova

برس

secador de cabelo

د ویښتانو وچونکی

spray de cabelo

د ویښتانو سپری

maquiagem

میک اپ

batom

لیپ سټیک

esmalte de unhas

د نوکانو پالش

algodão

کاټن وری

tesoura para unhas

ناخن ګیر

perfume

عطر

nécessaire

د مینځلو کڅوړه

banquinho

سټول

balança

د وزن کولو تله

roupão de banho

د حمام پوښاک

luvas de borracha

د ربړ دستکش

absorvente interno

تامپون

absorvente íntimo

صحیی جان پاک

banheiro químico

کیمیکل تشناب

quarto de criança

د ماشوم خونه

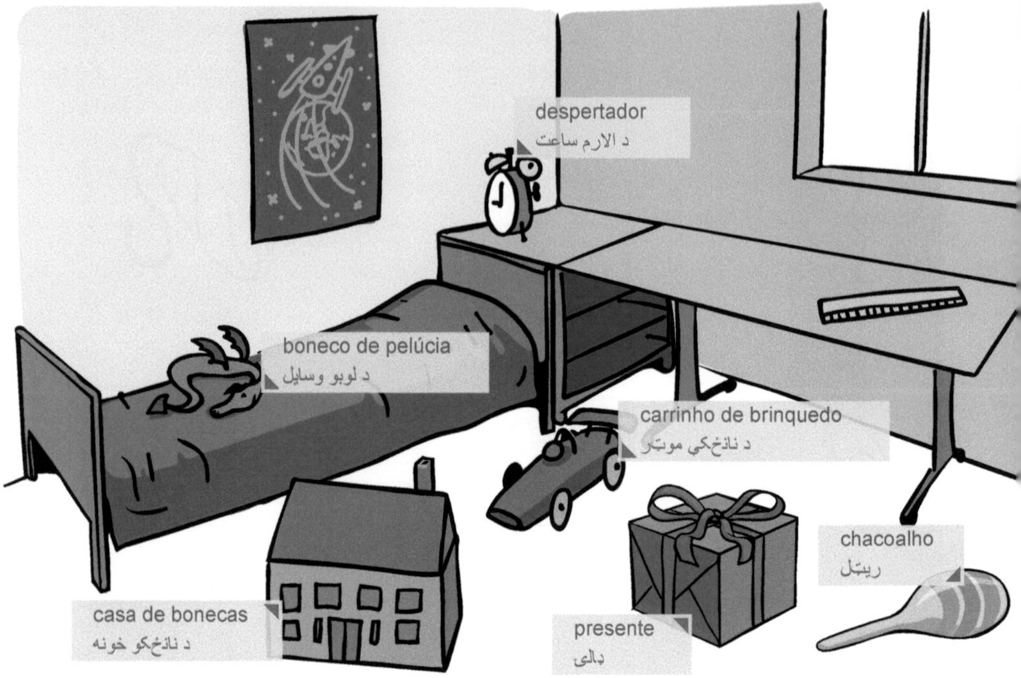
despertador
د الارم ساعت
boneco de pelúcia
د لوبو وسایل
carrinho de brinquedo
د نانځکي موټر
chacoalho
ریټل
casa de bonecas
د نانځکو خونه
presente
ډالۍ

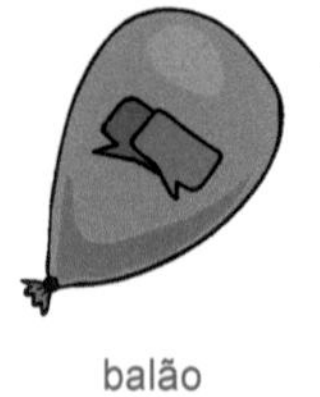

balão

بالون

cama

تخت

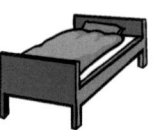

carrinho de bebê

کالسکه

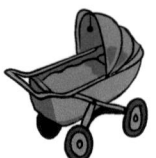

jogo de cartas

د لوبو ورقي

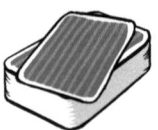

quebra-cabeças

جیگسا

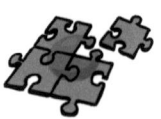

revista de quadrinhos

مسخره

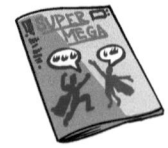

peças de Lego

ليکو بريک

blocos de construção

د ناخخو بلاک

figura de ação

د اکشن فيکور

macaquinho de bebê

د ماشوم پوښاک

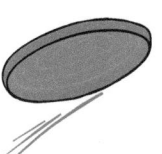

frisbee

فريزبي

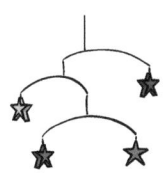

móbile para bebê

موبايل

jogo de tabuleiro

بورد لوبه

dados

تاس

trenzinho elétrico

مادل ريل سيټ

chupeta

کونګشی

festa

پارتي

livro ilustrado

د عکسونو البوم

bola

بال

boneca

ناخخکه

brincar

لوبيدل

caixa de areia

....

د شگو کنده

balanço

....

سوینک

brinquedos

....

ناڅکي

videogame

....

د ویدیو لوبو کنسول

triciclo

....

تـرای سایکل

ursinho de pelúcia

....

گـوډکه

guarda-roupa

....

د کالو الماری

vestuário

پوښاک

meias

....

جرابي

meias pelo joelho

....

لوړي جرابي

meias-calças

....

تـایتس

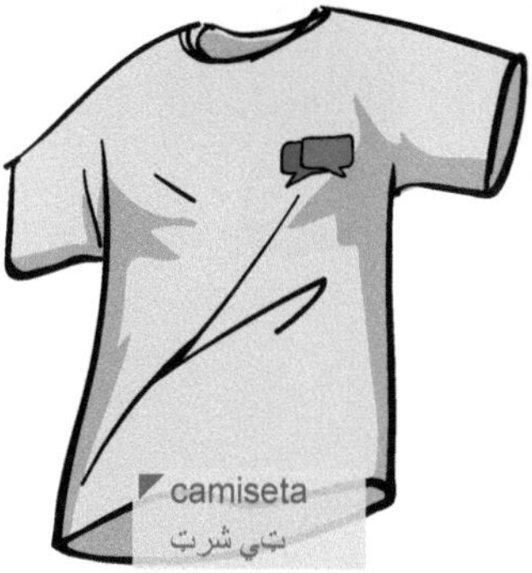

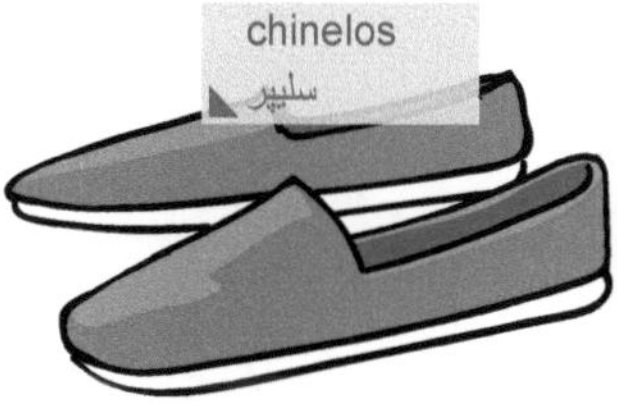

cachecol
زروکی

guarda-chuva
چتری

cinto
کمربند

camiseta
ټي شرټ

botas
بوټان

chinelos
سلیپر

tênis
سنیکر

sandálias

سینډل

sapatos

بوټان

botas de borracha

د ربړ بوټان

roupa de baixo

زیرنیکړي

sutiã

سینه بند

camiseta de baixo

واسکټ

body

بادي

calças

پتلون

jeans

جينز

saia

لمن

blusa

بلاوز

camisa

شرت

pulôver

بنيان

suéter com capuz

سويټر

blazer

بليزر

jaqueta

جاكټ

casaco

كوټ

gabardine

د باران كوټ

traje

پوښاک

vestido

كالي

vestido de casamento

د واده پوښاک

terno

دريشي

camisola

د شپې پوښاک

pijama

پاجامه

sari

ساړي

lenço de cabeça

لوپټه

turbante

پټکی

burca

برقه

cafetã

کفتن

abaya

عبا

maiô

د لامبو پوښاک

sunga

نیکر

shorts

شارټ

roupa de treino

د خغاستي پوښاک

avental

پیش بند

luvas

دستکش

botão

بټن

óculos

عينک

pulseira

لاس بند

colar

غاړه کۍ

anel

ګوتمه

brinco

غوږوالۍ

boné

خولۍ

cabide

کوټ بند

chapéu

خولۍ

gravata

نتايي

zíper

ځنځير

capacete

هيلميټ

suspensórios

ترونګۍ

uniforme escolar

د ښوونځي يونيفارم

uniforme

يونيفارم

babador

بيب

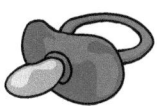

chupeta

گونگشی

fralda

نيپي

escritório

دفتر

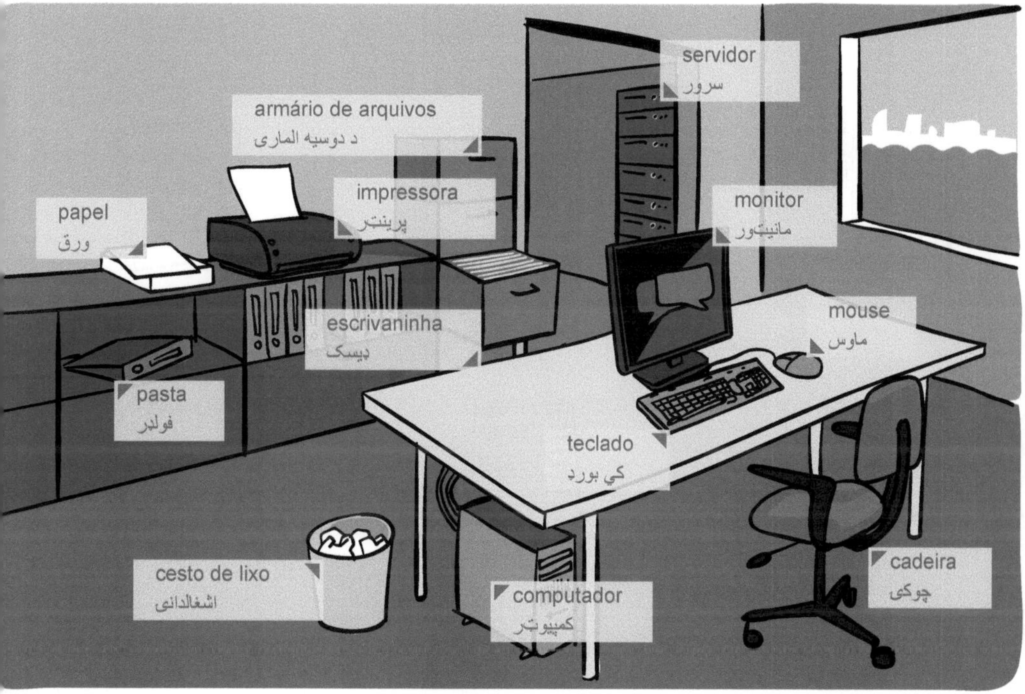

servidor
سرور

armário de arquivos
د دوسيه مارى

impressora
پرينتر

monitor
مانيتور

papel
ورق

mouse
ماوس

escrivaninha
ډيسک

pasta
فولدر

teclado
کي بورد

cadeira
چوکی

cesto de lixo
اشغالدانی

computador
کمپيوټر

xícara de café

د کافي پياله

calculadora

کالکوليټر

internet

انټرنيټ

laptop

لپ تاپ

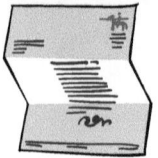

carta

ليک

mensagem

پيغام

celular

موبايل

rede

نيټورک

copiadora

فوټوکاپير

software

سافټوير

telefone

تلیفون

tomada

پلک ساکت

fax

فکس مشين

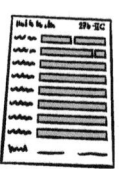

formulário

فارم

documento

سند

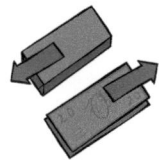

comprar

پيرل

pagar

تاديه كول

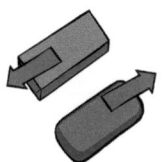

negociar

سوداگري كول

dinheiro

پيسى

Dólar

ډالر

Euro

يورو

Yen

ين

rublo

ربل

franco suíço

سويسي فرانک

renminbi yuan

رينميني يوان

rupia

روپى

caixa eletrônico

د نغدي پيسو څای

casa de câmbio

د اسعارو د تبادلي دفتر

ouro

سره زر

prata

سپین زر

petróleo

تیل

energia

انرژي

preço

نرخ

contrato

قرارداد

imposto

مالیه

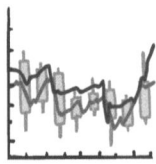

ação

اسهام

trabalhar

کار کول

empregado

کارمند

empregador

کار ګومارونکی

fábrica

فابریکه

loja

پلورنځی

profissões
مسلکونه

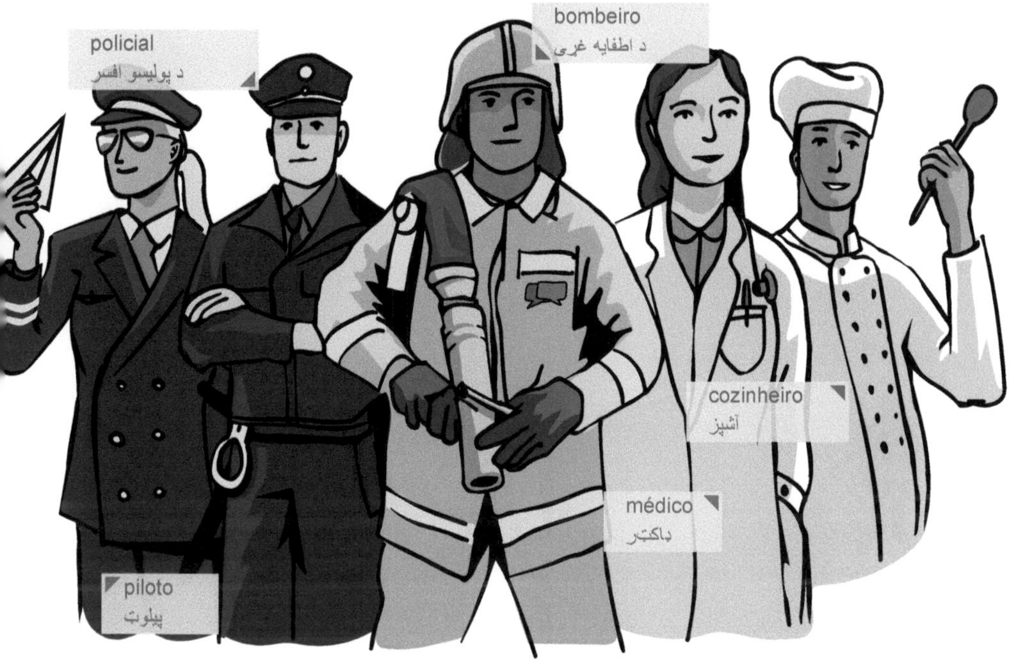

bombeiro
د اطفایه غړی
policial
د پولیسو افسر
cozinheiro
آشپز
médico
ډاکټر
piloto
پیلوټ

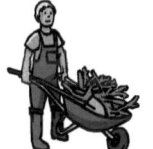

jardineiro
....
باغوان

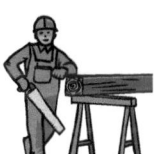

marceneiro
....
نجار

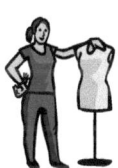

costureira
....
خیاط

juiz
....
قاضي

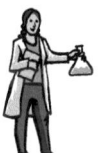

químico
....
کیمیا پوه

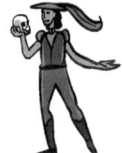

ator
....
د فلم لوبغاړی

motorista de ônibus

د بس ډرایور

motorista de táxi

د ټیکسي ډرایور

pescador

کب نیونکی

faxineira

خدمه

telhador

بام جوړونکی

garçom

پیشخدمت

caçador

ښکاري

pintor

نقاش

padeiro

نانوا

eletricista

د بریښنا کارکونکی

construtor

تعمیر جوړونکی

engenheiro

انجنیر

açougueiro

قصاب

encanador

نلدوان

carteiro

پوست رسونکی

soldado

سرتیری

arquiteto

مهندس

caixa

صراف

florista

ماليار

cabelereiro

نایی

condutor

کلیندر

mecânico

میکانیک

capitão

کپتان

dentista

د غاښونو ډاکټر

cientista

ساینس پوه

rabino

بښاغلی

imam

امام

monge

مذهبي نفر

pastor

پادري

ferramentas

لوازم

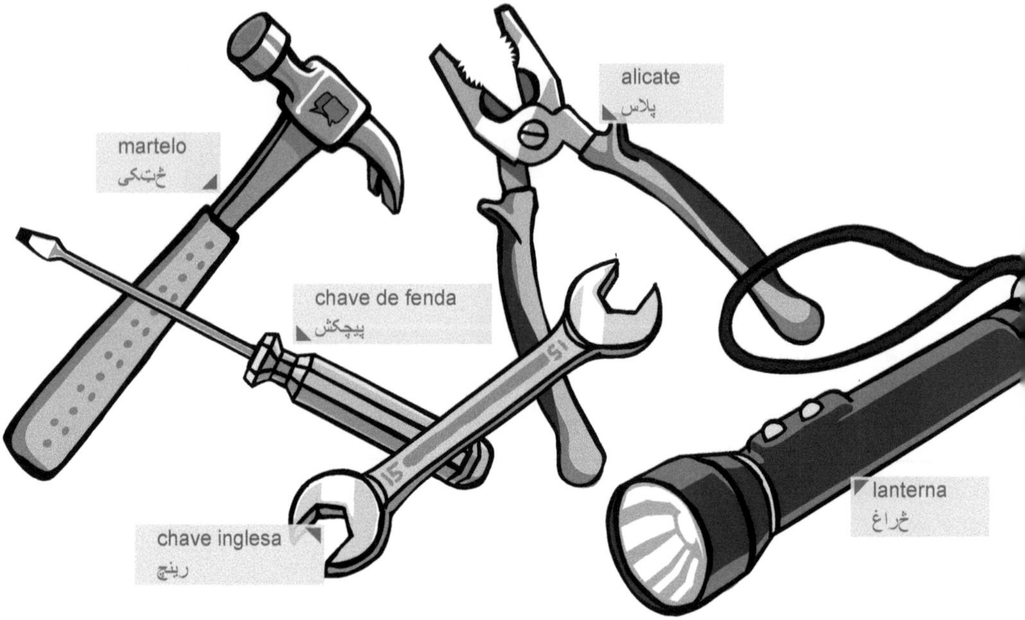

martelo
څټکی
alicate
پلاس
chave de fenda
پیچکش
chave inglesa
رینچ
lanterna
څراغ

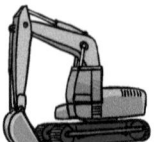

escavadora

کنستونکی

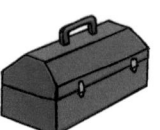

caixa de ferramentas

د لوازمو بکس

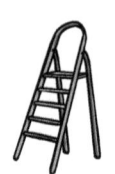

escada de mão

زینه

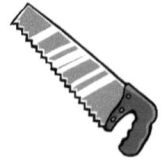

serra

اره

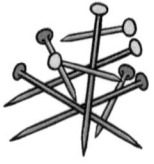

pregos

میخونه

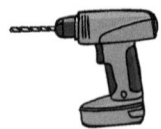

furadeira

برمه

consertar

ترمیم کول

pá

بیل

Droga!

لعنت!

pá de lixo

خاک انداز

pote de tinta

مشوانی

parafusos

پیچونه

instrumentos musicais

د میوزیک آلات

alto-falante
لاود سپیکر

bateria
ډرم سیټ

guitarra
ګیتار

contrabaixo
کنټرباس

trompete
نټرومپیټ

piano

پيانو

violino

وايلن

baixo

باس

timbales

نغاره

tambor

ډرمونه

teclado

کي بورډ

saxofone

سيکسافون

flauta

شپيلۍ

microfone

مايکروفون

zoológico

ژوبڼ

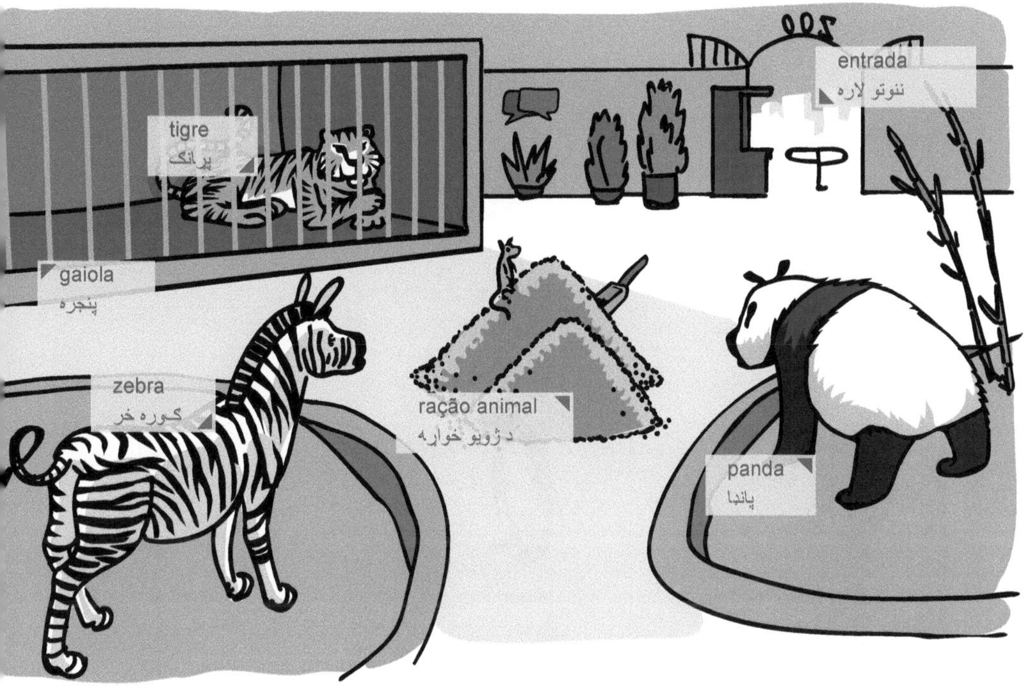

tigre
پړانګ
gaiola
پنجره
zebra
ګوره خر
ração animal
د ژويو خواړه
panda
پاندا
entrada
ننوتو لاره

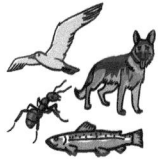

animais

ژوی

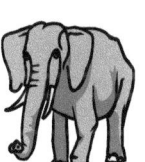

elefante

هاتي

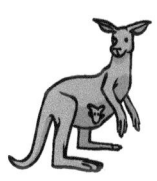

canguru

کنګرو

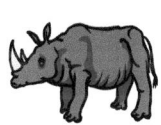

rinoceronte

د اوبو اسپ

gorila

ګوریلا

urso

ایږه

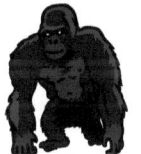

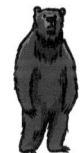

camelo

اوښ

avestruz

شترمرغ

leão

زمری

macaco

بيزو

flamingo

غزی

papagaio

طوطي

urso polar

قطبي ايږه

pinguim

پينگوين

tubarão

شارک

pavão

طاوس

cobra

مار

crocodilo

تمساح

guarda do zoológico

ژوبن ساتونکی

foca

سيل

jaguar

جګوار

pônei

یابو

leopardo

پرانک

hipopótamo

هیپو

girafa

زرافه

águia

باز

javali

نرخوک

peixe

کب

tartaruga

 شمشتی

morsa

سمندري نولی

raposa

گیدړه

gazela

هوسۍ

futebol americano
امریکایی فټبال

ciclismo
سایکل چلول

tênis
ټينيس

basquete
باسکيټبال

natação
لامبو

boxe
باکسينگ

hóquei no gelo
د کنګل هاکي

futebol
فټبال

badminton
کسيزه

atletismo
د خغاستي لوبي

handebol
د هنډبال

esqui
سکي

polo
پولو

atividades
فعالیتونه

rir
خندل
pular
ټوپ وهل
abraçar
غاړه ورکول
andar
ګرځېدل
cantar
سندرې ويل
sonhar
خوب ليدل
rezar
عبادت كول
beijar
مچو کول

escrever
....
ليکل

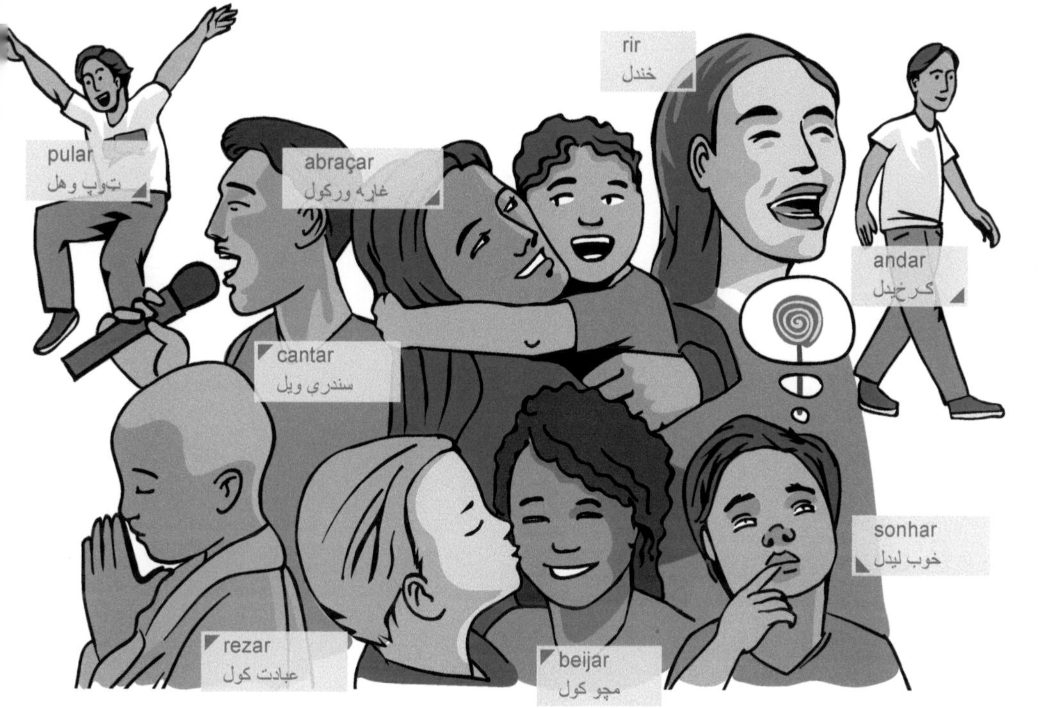

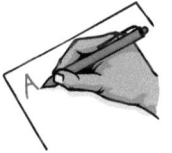

desenhar
....
کښل

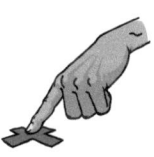

mostrar
....
ښودل

empurrar
....
ټېله کول

dar
....
ورکول

tomar
....
اخيستل

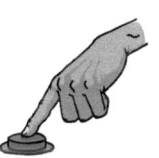

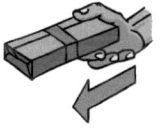

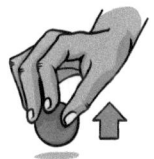

ter

درلودل

fazer

کول

ser

پاییدل

ficar de pé

ودریدل

correr

منډي وهل

puxar

راکښل

jogar

ګوزارل

cair

لویدل

deitar

څملاستل

esperar

انتظار کول

carregar

ورل

sentar

کښېناستل

vestir

پوښاک اغوستل

dormir

ویده کیدل

despertar

پاڅیدل

olhar para

كتل

chorar

ژړل

acariciar

بريد كول

pentear

كمنځ كول

falar

خبري كول

entender

پوهيدل

perguntar

غوښتل

ouvir

اوريدل

beber

څښل

comer

خورل

arrumar

پاكول

amar

مينه كول

cozinhar

پخلى كول

dirigir

موټر چلول

voar

الوتل

velejar

بېرۍ چلول

calcular

حساب

ler

لوستل

aprender

زده کول

trabalhar

کار کول

casar

واده کول

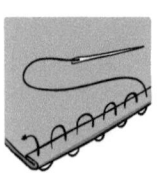

costurar

ګنډل

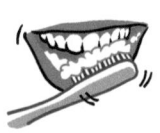

escovar os dentes

د غاښونو برس کول

matar

وژل

fumar

سګرټ څښل

enviar

لیږل

família
کورنۍ

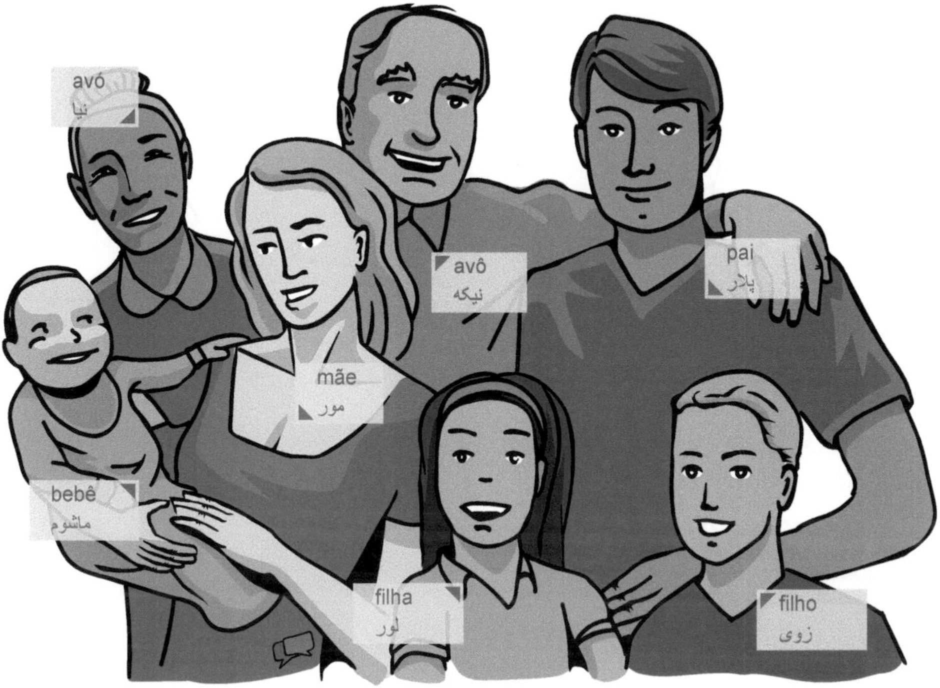
avó
نیا
avô
نیکه
pai
پلار
mãe
مور
bebê
ماشوم
filha
لور
filho
زوی

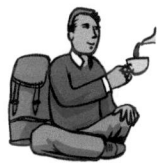

convidado

میلمه

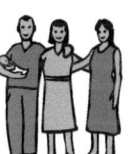

tia

ترور

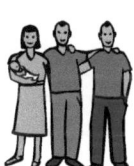

tio

کاکا/ماما

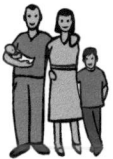

irmão

ورور

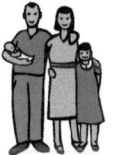

irmã

خور

corpo

بدن

testa
تندی
olho
سترګې
ombro
اوږه
dedo
ګوته
rosto
مخ
queixo
زنه
mão
لاس
peito
سينه
perna
پښه
braço
مټ

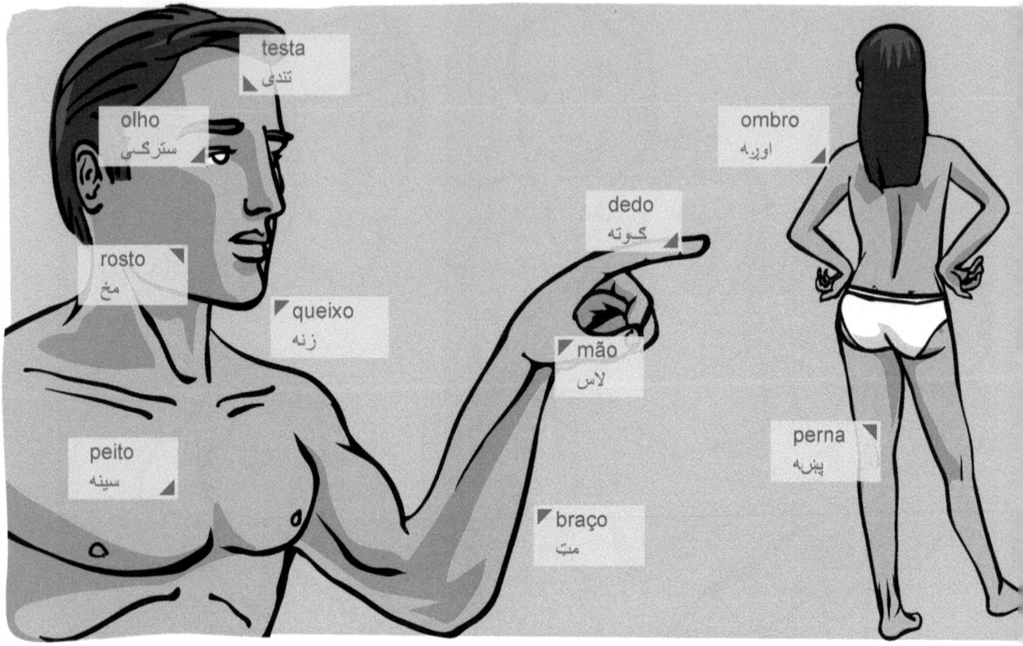

bebê

ماشوم

homem

سړی

mulher

ښځه

menina

انجلۍ

menino

هلک

cabeça

سر

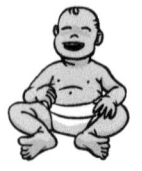

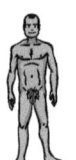

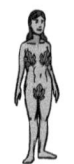

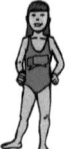

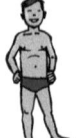

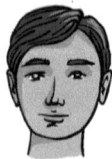

costas

شا

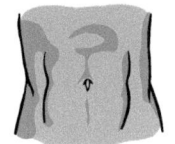

barriga

خیټه

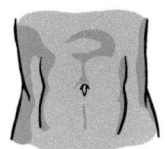

umbigo

نوم

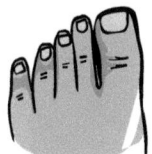

dedo do pé

د پښي ګوته

calcanhar

پونده

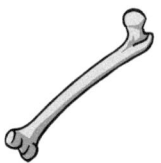

osso

هډوکی

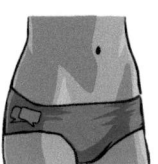

anca

کوناټی

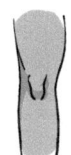

joelho

زنګون

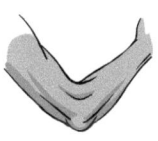

cotovelo

څنګل

nariz

پوزه

nádegas

لاندي برخه

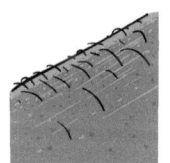

pele

پوټکی

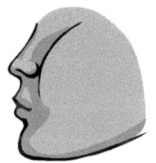

bochecha

غومبوری

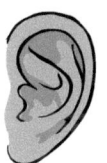

orelha

غوږ

lábio

 شونډه

boca

خوله

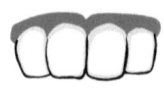

dente

غابى

língua

ژبه

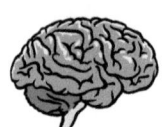

cérebro

مغز

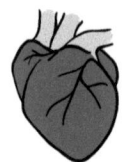

coração

زړه

músculo

عضله

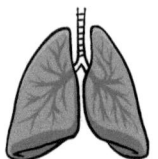

pulmão

سږى

fígado

ځيګر

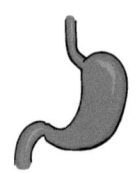

estômago

معده

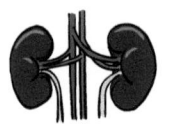

rins

پښتورګي

relações sexuais

جنسي نږدي والی

preservativo

كاندوم

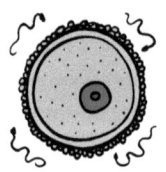

óvulo

تخمه

esperma

منى

gravidez

حمل

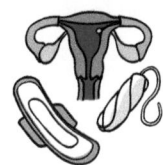

menstruação

....

حیض

vagina

....

مهبل

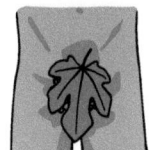

pênis

....

د نارینه تناسلي آله

sobrancelha

....

وروځی

cabelo

....

ویښته

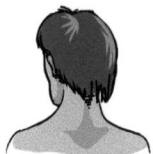

pescoço

....

غاړه

hospital
روغتون

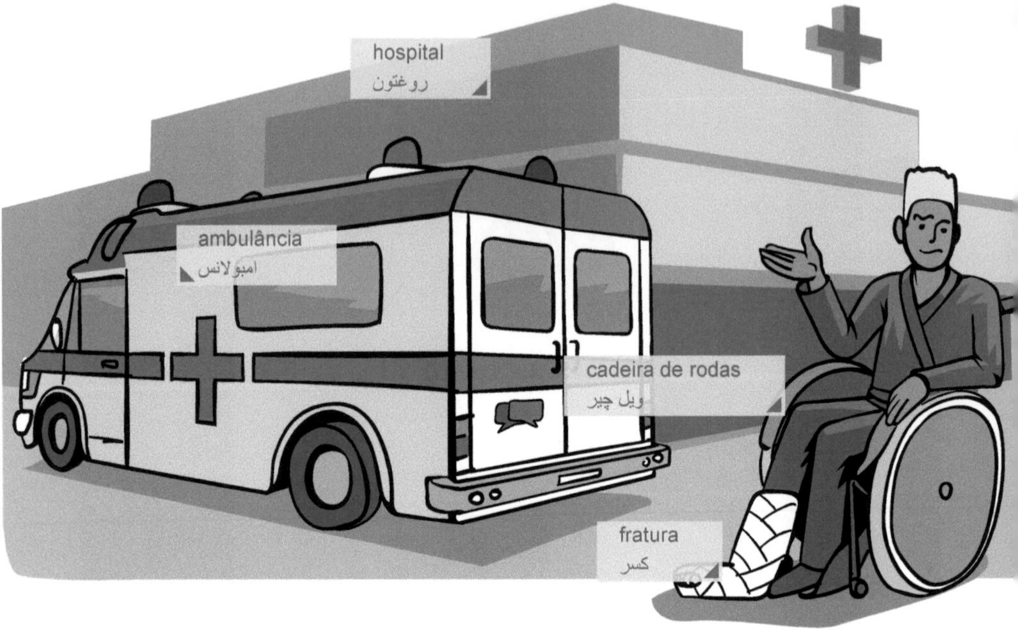

hospital
روغتون
ambulância
امبولانس
cadeira de rodas
ويل چير
fratura
کسر

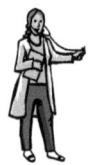

médico

ډاکټر

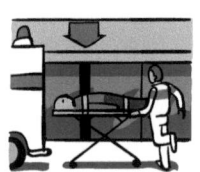

pronto-socorro

عاجل خونه

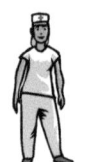

enfermeira

رنځورپال

emergência

عاجل

inconsciente

بي هوش

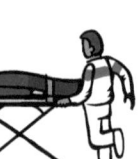

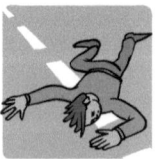

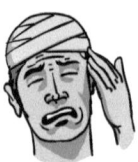

dor

درد

ferimento

ټپ

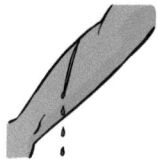

hemorragia

وينه تو يدل

ataque cardíaco

د زړه حمله

acidente vacular cerebral

ضرب

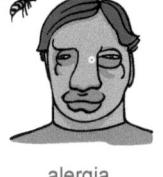

alergia

حساسيت

tosse

ټوخى

febre

تبه

gripe

انفلو ينزا

diarreia

نس ناستى

dor de cabeça

سر درد

câncer

سرطان

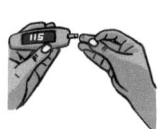

diabetes

شکر

cirurgião

جراح

bisturi

سکالپل

operação

عمليات

CT

سيرتي

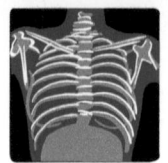

raio x

ایکس رى

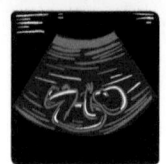

ultrassom

الترا ساوند

máscara

د مخ ماسک

doença

ناروغي

sala de espera

انتظار خونه

muleta

امساآ

bandeide

پلستر

ligadura

بنداژ

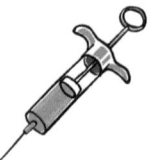

injeção

تزریق

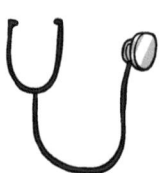

estetoscópio

ستاتسكوپ

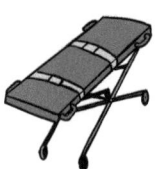

maca

تسكيره

termômetro

كلينكي ترماميتر

nascimento

زيږون

excesso de peso

زيات وزن

aparelho auditivo

د اوريدو مرسته

desinfetante

د عفونيت ځخه پاكونكي مواد

infecção

عفونيت

vírus

ويروس

HIV / AIDS

ايچ.آي.وي/ايدز

medicamento

درمل

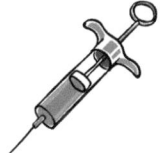

vacinação

واكسين

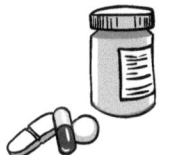

comprimidos

ټابليټس

pílula

ګولۍ

chamada de emergência

عاجل، تليفون

dispositivo de medição de
pressão arterial

د ويني د فشار څارونكى

doente / saudável

ناروغ/روغ

Socorro!

مرسته!

alarme

الارم

assalto

يرغل

ataque

بريد

perigo

خطر

saída de emergência

عاجل لاره

Fogo!

اور!

extintor de incêndios

د اور وژونکی

acidente

پیښه

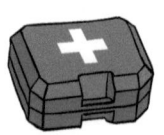

maleta de primeiros
socorros

د لومړی مرستي لوازم

SOS

ايس.او.ايس

polícia

پوليس

Europa

اروپا

América do Norte

شمالي امریکا

América do Sul

سهيلي امریکا

África

افریقا

Ásia

آسیا

Austrália

آسټریلیا

Atlântico

اتلانتیک

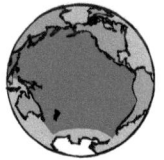

Pacífico

پاسیفیک

Oceano Índico

د هند بحر

Oceano Antártico

جنوبي منجمد بحر

Oceano Ártico

د شمال قطب بحر

Polo Norte

شمالي قطب

Polo Sul

سهيلي قطب

Antártica

انتاركتيكا

Terra

خُمکه

terra

خُمکه

mar

بحر

ilha

نتايو

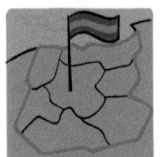

nação

ملت

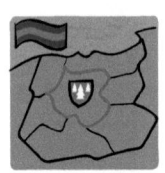

estado

دولت

mostrador do relógio

د مخي ساعت

ponteiro das horas

د ساعت ستنه

ponteiro dos minutos

د دقیقی ستنه

ponteiro dos segundos

د ثانیی ستنه

Que horas são?

څه وخت دی؟

tempo

وخت

agora

اوس

relógio digital

دیجیټل ساعت

dia

ورخ

minuto

دقیقه

hora

ساعت

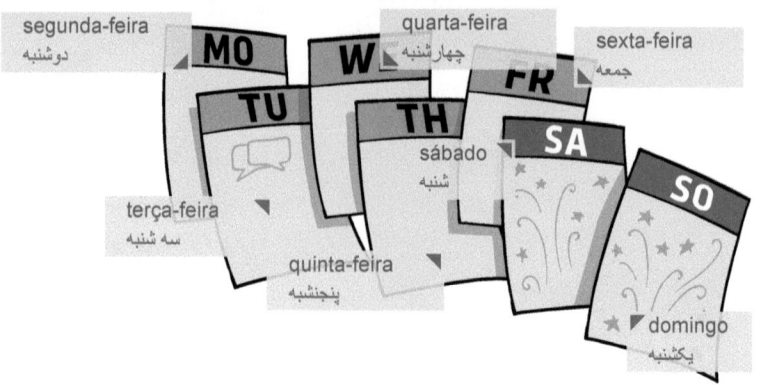

segunda-feira
دوشنبه

quarta-feira
چهارشنبه

sexta-feira
جمعه

terça-feira
سه شنبه

sábado
شنبه

quinta-feira
پنجشنبه

domingo
یکشنبه

ontem

پرون

hoje

نن

amanhã

سبا

manhã

سهار

meio-dia

غرمه

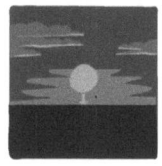

entardecer

ماښام

dias úteis

كاري ورځي

fim de semana

د اونۍ پای

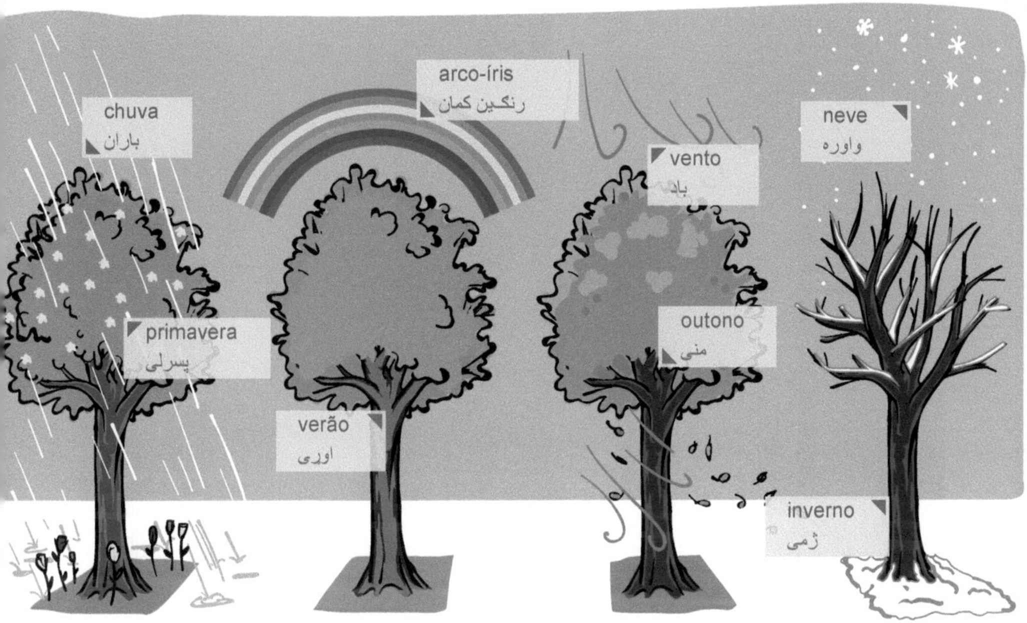

chuva
باران
arco-íris
رنګين کمان
neve
واوره
vento
باد
primavera
پسرلی
verão
اوری
outono
منی
inverno
ژمی

4.APRIL 11°
5.APRIL 4°
6.APRIL 13°
7.APRIL 8°
8.APRIL 10°

previsão do tempo

د موسم وړاندوينه

F
120
90
60
30
0
-30
C
40
30
20
10
0
-10
-20

termômetro

ترموميټر

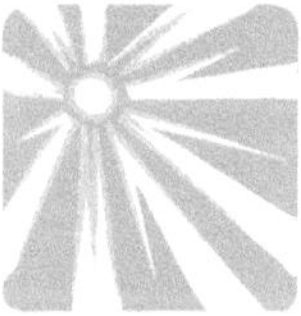

raio de sol

د لمر وړانګې

nuvem

وريځ

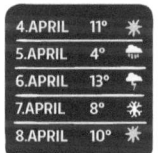

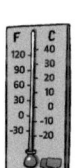

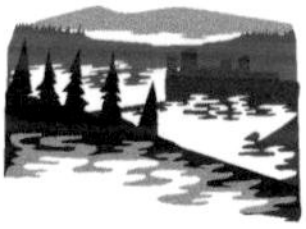

neblina / nevoeiro

لړه

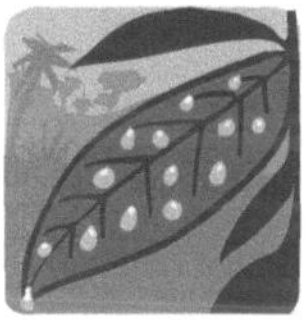

umidade do ar

رطوبت

relâmpago

رنا

trovão

تندر

tempestade

توفان

granizo

ژلی وریدل

monção

مون سون باران

inundação

سیلاب

gelo

یخ

janeiro

جنوري

fevereiro

فبروري

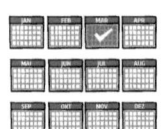

março

مارچ

abril

اپریل

maio

می

junho

جون

julho

جولای

agosto

اگست

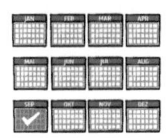

setembro
....
سپتمبر

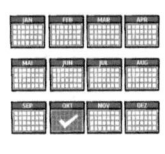

outubro
....
اکتوبر

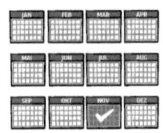

novembro
....
نومبر

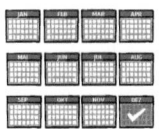

dezembro
....
دسمبر

formas

شکلونه

círculo
....
دایره

quadrado
....
مربع

retângulo
....
مستطیل

triângulo
....
مثلث

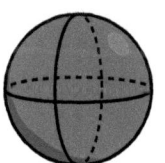

esfera
....
توپ

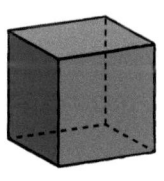

cubo
....
فال

branco

سپين

amarelo

ژیر

laranja

نارنجي

rosa

گلابي

vermelho

سور

lilás

ارغواني

azul

نيلي

verde

شین

marrom

نسواري

cinza

خر

preto

تور

muito / pouco

خورا ډير/خورا لږ

furioso / tranquilo

قار/ارام

lindo / feio

ښکلي/بدشکله

começo / fim

پیل/پای

grande / pequeno

لوی/کوچنی

claro / escuro

روښانه/تیاره

irmão / irmã

ورور/خور

limpo / sujo

پاک/ککر

completo / incompleto

مکمل/نامکمل

dia / noite

ورخ/شپه

morto / vivo

مر/ژوندی

largo / estreito

پراخه/انزی

comestível / não comestível

د خوراک ور/نه خوړل کیدونکی

mau / gentil

بد/مهربان

entusiasmado / entediado

پاريدلی/بی خونده

gordo / magro

چاق/وچ

primeiro / último

لومړی/وروستی

amigo / inimigo

ملګری/دښمن

cheio / vazio

ډک/تش

duro / macio

سخت/نرم

pesado / leve

دروند/سپک

fome / sede

لوږی/تنده

doente / saudável

ناروغ/روغ

ilegal / legal

غیرقانونی/قانوني

inteligente / idiota

هوښیار/ساده

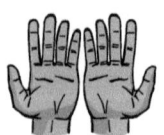

esquerda / direita

کیڼ/ښیی

perto / longe

نزدی/لری

novo / usado

نوی/زوړ

nada / alguma coisa

هیڅ/یو څه

velho / jovem

بوډا/ځوان

ligado / desligado

چالان/بند

aberto / fechado

خلاص/تړلی

baixo / alto

غلی/لوړ غږ

rico / pobre

بډایه/غریب

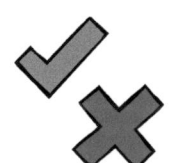

certo / errado

صحیح/غلط

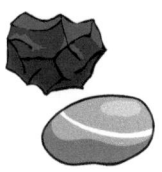

áspero / liso

زبر/ملایم

triste / feliz

خفه/خوښ

curto / longo

لنډ/اوږد

lento / rápido

سست/ګرندی

molhado / seco

لوند/وچ

ameno / fresco

ګرم/یخ

guerra / paz

جګړه/سوله

números

0	1	2
zero	um	dois
صفر	يو	دوه

3	4	5
três	quatro	cinco
درې	څلور	پنځه

6	7	8
seis	sete	oito
شپږ	اوه	اته

9	10	11
nove	dez	onze
نهه	لس	يولس

12

doze

دولس

13

treze

ديارلس

14

quatorze

څوارلس

15

quinze

پنځلس

16

dezesseis

شپاړس

17

dezessete

وولس

18

dezoito

اتلس

19

dezenove

نولس

20

vinte

شل

100

cem

سل

1.000

mil

زر

1.000.000

milhão

ميليون

inglês

انگلسي

inglês americano

امریکایی انگلسي

chinês mandarim

چینایی مندرین

hindi

هندي

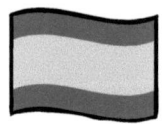

espanhol

هسپانوي

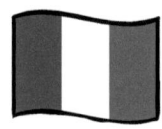

francês

فرانسوي

árabe

عربي

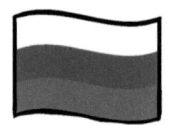

russo

روسي

português

پرتگالي

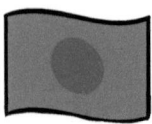

bengalês

بنگالي

alemão

آلماني

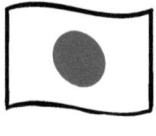

japonês

جاپاني

eu

زه

você

ته

ele / ela

هغه/دغه/دا

nós

موږ

vocês

تاسي

eles / elas

دوی/هغوی

quem?

خوک؟

O quê?

خه؟

como?

خنگه؟

onde?

چیري؟

Quando?

کله؟

nome

نوم

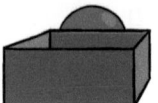

atrás

شاته

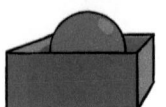

em

په

na frente de

په مخه کي

sobre

باندي

em cima

په

debaixo

لاندي

do lado

برسیره پر

entre

ترمینځ

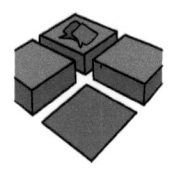

lugar

ځای